AF176727

1

1986

Außenkreis
Innenkreislaufbahn
2 Sterne unterm Himmel
Feder mit Schriftzug
Jahr der Geburt – 1986
Berufungsprogramm
Entgegen der Zeit
Dichter, Denker
Poetry Slam
Gesellschaftskritiker
Bühnenauftritte und
Autor seiner Reihe
Christian Hofmann

POetRy Slam - Entgegen der Zeit

Lieblingsabende

Ich liebe diese Abende
Im Sommer
Wärme noch in der Luft
Auch zu später Abendstunde
Wenn die Sonne untergeht
Und sich ins brennende Rot verfärbt
Das gedimmte Licht
Der Straßenlaternen
Ich fahre durch die Straßen
Ich fühle mich
Und das Leben
Und es ist überwältigend

MEERESRAUSCHEN

Es ist das Rauschen
Des Meeres
Der grenzenlose Blick
Er schweift in die Ferne
Und ich fühle mich frei
Spüre das Element Wind
Und das Element Wasser
Die Wellen brausen
Ich fühle, dass ich lebe
Atme die Freiheit ein
Es ist das Gefühl
Grenzenlos frei zu sein

IM INNERN

Ich schließe die Augen
Blicke tief in mich
Höre nichts, da ist nur Stille
Ich entdecke mich
Mein Ich
Mein tiefer Grund
Mein Universum
Meine Welt in meinem Innern
Alles im Einklang
Genau hier in meiner Mitte
Alles ruhig und geordnet
Während des Sturmes da draußen

HERBSTBEGINN

Im Wind wehen die Blätter
Und das Leben es tanzt
Sommerhauch
Ein Teil Herbstbeginn
Aber noch sanft und warm
Obwohl, doch in der Nacht
Schon Frische zu spüren
Der schöne Teil des Jahres
Ist sich wieder leise –
Am Verabschieden
Er geht auf Reise
Bis zum nächsten Jahr

ATEMZÜGE

Die Freude im Vorfeld
Für den Glanz im Moment
Doch so abgewetzt
Matt und gescheuert
Jegliche Farbe verloren
Verblasst und verbleicht
So bleibt doch nur
Wieder einmal nichts
Und Leere
Wortlos doch wie
Langanhaltende
Unausgesprochene Atemzüge

FREIHEIT DER POESIE

Wie frei und ungebunden
Fern vom Reim
Erklingt nun die
Einzig wahre Poesie
Frei entgleitet das Wort
Welches sich setzt
Stück für Stück
Zum Satz
Mit Kraft und Ausdruck
Mit Gefühl
Diese Brise Freiheit
Welche sich dichtet

UNSER LEBEN

Atemzug-lange Augenblicke
Versickern im Raum
Federleicht die Zeit
Sowie die Luft
Die durch Situation
Durch Moment
Und Stunde strömt
Die Zeit ohne Taktgefühl
Ergriffen von
Schicksal, Bestimmung
Zufall – dies alles
Zeichnet unser Leben

Politische Rede

Sie sprechen Worte
Die sie
Selbst nicht einmal glauben
Denn glauben müssen sie
Diese nicht
Es ist dem genüge Getan
Wenn sie
Die sie glauben sollen
Glauben werden
Also glauben die Gläubiger
Lügenmärchen –
Zum Politiker Gefallen

ZEIT

Die Zeit
Sie ist kein fester Bestand
Du willst sie halten
Doch ist nicht greifbar
Sie fließt
Sie rast, sie fliegt
Ehe man sich versieht
Ist schon im Nu vorbei
Was gerade doch
Erst begann
Zeit fängt man nicht ein
Zeit hält man nicht auf

Wimpernschlag

Wie der Sand
Durch die Hände fällt
Und das Schlagen der Flügel
Des Schmetterlings
Im Augenblick
Im Wimpernschlag geschieht
So zieht die Wolke davon
Verdunkelt das Sonnenlicht
So fliegt der Vogel
Auf und davon
So vergehen die Tage
Und so Jahre für Jahre

Stadtgeflüster

Das Stadtgeflüster
Die Menschenmenge
Auf Straßen
Auf Wegen
Überall fallen Wörter
Informationen
Klatsch und Tratsch
Pulsierend, lebend
In Stadt
Auf Land
Wird verbreitet
Allerlei an Neuigkeit

Wahlprogramm

Plakate an Plakate
Plakatierte Straßen
Die Stadt sie schaut aus
Wie wieder einmal frisch tapeziert
Sie sind beschriftet
Mit verführenden
Ergreifenden Worten
Doch was sagen sie wirklich aus
Welche Ziele sind verfolgt
Was erwarten wir
Es ist ein Wahlprogramm
Doch steht das Programm auch an?

Abendhauch

Die Sonne fällt tief ins Land
Sommerwärme
Abendhauch
Atme den Wind
Somit frisches Leben ein
Atme bewusst
Fühle den Moment
Wie die Luft
Durch mich strömt
Der herrliche Sommerduft
Der mich in diesem
Augenblick umgibt ist so vollkommen

BERUFUNG

Gehe deinen Weg
Finde deine Berufung
Du wirst gut sein
In dem
Was du von Herzen
Wirklich gerne tust
Wenn du
Deinen Weg gehst
Findest du deine Berufung
Solltest du sie nicht finden
Wird sie dich
Im Laufe der Zeit finden

Sommergefühle

Sommerluft
Auf der Haut
Sie versetzt mich
In Erinnerungen zurück
Momente die
So fern scheinen
Plötzlich wieder
So greifbar nah
Welche Gefühle
Der Sommer doch
In mir
Tief im Innern bewegt

Lieblingslieder

Die vertrauten
Textstellen
Meiner Lieblingslieder
Die ich in- und
Auswendig mitsingen kann
Die ich so tief
Innerlich fühle
Leben in der letzten Ecke
In der letzten Falte
Meines Seins
So spürbar nah
Diese Lieder retten mein Leben

Wortlose Stille

Wortlose Stille
Im sonst so
Belebten Raum
So viele Gesichter
Doch sie tragen alle
Den gleichen Ausdruck
Erfüllt von Leere
Kein Ton und kein Schritt
Die Trauer liegt
Ganz allein in der Luft
Schmückt den Raum
Der einst voller Freude und Leben war

TEXT DES LEBENS

Welchen Inhalt
Würde er tragen
Wie wäre er geschmückt
Der Text des Lebens
So voller Leben
Oder tiefgründig packend
Voller Freude oder
Traurigkeit
Zum Nachdenken geschrieben
Oder doch zum Feiern
Der Text des Lebens
Wie würde er wohl zu lesen sein?

Offenes Buch

Mein Leben ist
Wie ein
Offenes Buch
Aber
In einem
Geschlossenen Band
Jede Seite
Sie steht für sich
Und erzählt
Ihre eigene Geschichte
Im Reim, im Vers
Dennoch für sich

Tierisches Vergnügen

Wäre der Mensch
Das Tier
Mit dem wir es
Bezichtigen
So hätten wir einen Zoo
Im wahrlich gelegen Freigehe
Somit wäre
Das Resultat
Ein buntes Treiben
Und ein
Tierisches Vergnügen
Also eine tierische Gesellschaft

Müdigkeit

Es zwickt und klemmt
Doch bin regungslos
Körper und Geist
Wie betäubt
Nehme es wahr
Doch zu müde
Um zu reagieren
Alles schießt
Und an mir
Nur vorbei
Würde ich auch wollen
Ich halte nichts fest

MAGNET

Überall Stimmen
Dort ist Lärm
Doch in mir
Leere und Stille
Müdigkeit
Traurigkeit
Ein eisiger Wind
Dabei eigentlich
Doch mitten im Sommer
Kraftlos
Wie ein Magnet vor
Dem anderen, doch falschen Pol

Geliehen

Es ist alles
Bloß geliehen
Für unsere Lebenszeit
Alles wie es ist
Bleibt doch
Wie es war
Nur der Mensch
Und auch Tier
Kommt und geht
Wir gehen
Befinden uns
Bloß im Austausch

Tinte ist leer

Die Tinte ist leer
Die Gedanken
Sie sind
Verschrieben
Mit dem
Letzten Zug
Der Feder
Sind die
Worte verfasst
Die von
Kopf zu Papier
Gewandert sind

Abgrund

Mir geht's beschissen
Gar nicht mal so gut
Von allem
Bis Oberkante
Unterlippe
Steht die Scheiße
Bis zum Hals
Ein Schritt vorm
Abgrund
Wie geht's weiter
Wo geht's hin?

Wenn ich...

… könnte
Wenn ich wollte
Wenn ich
Wüsste
Dass ich müsste
Doch
Solange ich
Nicht muss
Will ich
Gar nicht
Können wollen
Bis ich muss

Am Abend

Am Abend
Ist der Morgen fern
Dazwischen
Verbringt die Nacht
Ihre Zeit
In der Dunkelheit
Bei Mond und Stern
In unserem Schlaf
Ist der Mann
Im Mond
Der über all
Unsere Träume wacht

Gottes Hand

Der Regen
Er fällt
Wässert Gottes
Erd' und Land
Dass es Früchte
Trage
Dass Leben, entsteht
Dass alles wächst
In der Sonne reift
Und alles gedeiht
Alles was
Gottes Hand geschaffen

Theologie

Kehren wir wieder
Im Leben
Auf der Welt
Nach dem Tod
Gedanken die ich habe
Theologie, These
Ich schreibe, philosophiere
Fürs Leben gern
Warum fand ich
Den Draht zur Sprache
War ich ein Dichter
In einem anderen Leben
Bin ich zurückgereist
Wiedergeboren?

Jahrtausende

Um das Leben
Zu verstehen
Zu erklären
Zu begreifen
Wie viele Jahre alt
Müssten wir
Dann
Tatsächlich
Dem entsprechend werden?
Es wäre
Jahrtausende
Weisheit und Erfahrung

Blütenstaub

So frei tanzend
Und fliegend
Die Blätter und
Blüten
Und der Blütenstaub
Im Wind
Sie bewegen
Sich so lebensfroh
Nichts ahnend
Dass die Sommerzeit
Bald ihr Dasein
An den Herbst verliert

Wortfluss

Wenn der Wortfluss
Sich überschlägt
Durch Emotion
Und Gedanke
Muss die Stimme
Regulieren
Und gar
Die
Kontrolle übernehmen
Und somit
Das Gespräch
In Ruhe führen

Eindeutig

Bedacht
Sortiert, geordnet
Ganz klar
Und
Eindeutig
Unverwechselbar
Einzigartig
Unvergleichlich
Rein und
Fehlerfrei
Wer oder was
Kann dies denn schon sein?

WINTERTAU

Nach dem
Frühjahresmärchen
Beginnt
Der Sommertraum
Bis in den
Herbst hinein
Der Herbst
Er bleibt
Bis zum
Ersten
Fröstelnden
Wintertau

Leihgabe

Wenn ein
Fußballspieler
Verliehen wird
Und dem
Somit
Der Leihgabe dient
Ist der
Fußballer
Dann auch
Ein Leiharbeiter
Nur mit
Besserer Gehaltsklasse?

STURM

Wie ein Schiff
Im Meer
Das zu sinken
Droht durch
Den Sturm
Und die
Flut der Wellen
So reißt
Auch mich
Es mit
Durch die Situation
Der momentanen Lage

Fundament

In meiner Seele
Ist es windstill
Rau der Sturm
In der Welt
Da draußen
Alles bricht
Alles fällt
Doch bei mir
Steht doch
Alles noch
Auf seinem
Fundament

Halb so gut

Halb so gut
Sollte ich
Arbeiten wie
Die Kollegen
Es tun
Halb so gut
Arbeitete ich
Ich bekam Kritik
Denn halb so gut
Kam Verbesserung
Was voll so gut
Zur Folge hatte

Nachher ist vorher

Nachher ist wie
Vorher
Nur irgendwie
Anders herum
Aber aufschlussreich
Doch etwa gleich
Vermutet wird
Die Kritik
Vermutung wird
Wahr
Die Kritik ist
Alles was bleibt

WAAGE

Die Mitte
Der Ausgleich
Das Zentrum
Die Waage
Drehen uns
Um die
Mittelachse
Das Gleichgewicht
Unser Leben
Unsere Tage
Wohlbefinden
Es liegt
In unserer
Eigenen Mitte

Alles rund

Alles was rollt
Hat weder
Ecken
Oder Kanten
Um also
Rund durch
Das Leben
Zu rollen
Sollen wir
Unsere
Ecken und Kanten
Etwa
Rundschleifen?

SINNGEMÄSS

Dieses sinngemäße
-Sprung in der Schüssel
-Eine Schraube locker
-Nicht mehr
Alle Latten am Zaun
-Nicht alle Tassen
Im Schrank
-Die Sicherung
Sie ging durch
Nach all dem
Bleibt zu sagen
Die Handwerker haben
Alle Hände voll zu tun

Sommerwind

Mit den Armen
Ausgebreitet
Stehe ich da
Auf dem Feld
Im Sommerwind
Genieße die
Wärme
All die Lebens-
Atmosphäre
Jede frische
Briese die
Über meine Haut fegt

Null

Null ist nix
Null ist neutral
Null hat
Null wert
Weder Soll
Noch Haben
Gleicht der null
Null hält Platz
Für positiv
Wie negativ
So für Glück
Oder auch Pech

DREISATZ

Einsam
Zweirad
Dreisatz
Vier Säulen
Fünf-zackiger Stern
Sechskant-Schlüssel
Sieben Tage die Woche
Achterbahnfahrt
Neunkirchen
Zehn Semester lang
Elf Mann-Mannschaft
Zwölf Wölfe ohne Wolfspelze

Wochenende-Ende

Wochenende
Am Montagsanfang
Neuer Beginn
Über
Dienstag
Mittwoch
Donnerstag und
Freitag
Sonnabend das
Wochenende beginnt
Sonntagabend
Wochenende fast
Montagsanfang

Garten

Der Baum
Im Garten
Das Glück es
Ist im Fluss
Leben es
Liegt frei
In der Luft
Gedanken ziehen
Wolkenweit
Im Moment
Versunken
Das ist Leben

Staub

Ich atme Staub
Und ich
Atme Dreck
Er steckt
Mir so fest
In meinem Hals
Ich ringe
Nach Luft
Schlage um mich
Mit den Händen
Mein Körper
Er kribbelt und
Er zittert

GERÄUSCHLOS

Frei und
Geräuschlos
So brauch ich
Es jetzt
Merke wieder
Alles an mir
An meinem Körper
Es ist
Überreizt
Nehme nichts
Mehr auf
Zustand vertraut
Er ist wie Zuhaus'

Schaumkrone

Wie die geschlagene
Schaumkrone des
Latte Macchiato
Und das feine
Zutun
Vom herrlich
Mundend leckeren
Amaretto
So versuche
Ich mein
Leben auch
Zu versüßen

HARTE ZEITEN

Harte Zeiten
Machen dich stark
Harte Zeiten
Geben dir Halt
Von harten
Zeiten
Kann nur reden
Wer sie
Erlebt hat
Auf seinen
Ganzen Wegen

KERZE

Müde
Erschöpft
Fühle mich so
Ausgebrannt
Wie die
Kerze
Die ihre
Letzte Kraft
Verbraucht
Und noch einmal
Alles im
Letzten Zug
In ihre
Flamme steckt

RETTUNG

Flucht
Und Rettung
Zugleich
Ist für mich
Das Schreiben
In
Meinem Alltag
Wird mir
Alles zu viel
Brauche ich
Papier und
Füller

INTERESSE

Es geht
Immer nur
Um
Qualifikation
Kenntnisse
Fertigkeiten
Was man kann
Was man ist
Keinen
Interessiert es
Wie es dir
Wirklich geht

PROBLEME

Früher im
Krieg
Hatte die Leute
Hungersnot
Seelisches Leid
Das waren
Wahre Probleme
Heute ist es so
Es ist zum Heulen
Und unerträglich
Wenn das Paket
Nicht pünktlich kommt
Oder zu wenig Likes
Zu bekommen
Das sind Probleme

Solange

Mir geht es
Jetzt schlecht
Ignoriere
Weil ich funktioniere
Und ich denke mir
Irgendwann
Kann ich mich
Ruhen und erholen
Doch solange
Leide, ertrage ich
Diesen Zustand
Bis nix mehr geht

Schmerz

Er sitzt
So tief und
Beißt sich
In mir fest
Verwirrt
Verletzt
Betäubt
Der Schmerz
Er nimmt meine
Sinne und
Meine Gefühle
Alle für sich ein

Was tun?

Was kann ich tun
Gegen
Demotivation
Woher kommt sie
Ich fühle mich
Innerlich so
Fertig, verloren
Weiß nicht mehr
Weiter
Weiß nicht mehr
Wohin
Was tun?

Leidtragende

Ich bewege
Mich im Kreis
Tag für Tag
Erneut
Gehen oder bleiben
Leben oder leiden
Diese Fragen
Kollidieren
Konfrontieren
Stetig
Und der Leidtragende
Bin und bleibe ich

Ersichtlich

Fühle mich so
Entzündet
Wie wund
Innerlich
Wie äußerlich
Es sind
Auswirkungen
Bedingt
Psychosomatischer
Symptomatik
Alles zu viel innerlich
Doch äußerlich
Nicht ersichtlich

Zufrieden

Bist du
Glücklich
Bei dem
Was du tust
Bist du
Erfüllt
In jedem
Moment
Kannst du
Antworten mit JA
Dann herzlichen Glückwunsch
Du bist zufrieden

KUMMER DER SEELE

Ich leide
Trage den
Kummer auf
Der Seele
Durch
Den ganzen Tag
Würde ich
Nicht
Dies alles
Schreiben
Wüsste ich nicht
Wohin mit mir
Und dem
Was mich quält

ZAUBER EINER NACHT

Zauber
Einer Nacht
Er müsste
Sterne
Vom Himmel holen sein
Oder
Den Sternen
Sehr nahe sein
Für zumindest
Einen
Nur kurzen Augenblick
Der aber dann
Für immer
Doch anhält

Irrfahrt

Irrfahrt
In mir
So auch
Durch das Leben
Von einem Ort
Zu dem anderen
Mit Hoffnung
Mit Zielgefühl
Doch bisher
Noch nichts
Gefunden
Bin am Wandern
Um anzukommen

Referenzen

Gutes Zeugnis
Gute Referenzen
Sie wollen
Das Beste
Von dir
Aus all
Deinem
Tun und Können
Profit schlagen
Gewinn erbringen
So ist
Alles in allem
Kurz erklärt

Schlafzustand

In diesen Tagen
Geht
Nichts zusammen
Grau und trübe
Die Sicht schon
Früh am Morgen
Ich warte auf
Das Erwachen
Auch am
Frühen Abend
Noch im
Tagesschlafzustand

FEINES

Der Geschmack
Des guten Weines
Kann jeder
Sagen was er will
Ist doch etwas Feines
Einem guten Essen
So sage ich
Wird mir niemand
Widersprechen
Schlägt man dem Abend
Noch nicht ab

HERZMOMENT

Ein kleiner Augenblick
Kann ein
Großer Herzensmoment
Doch werden
Was auch
Gerade jetzt
Vergeht
Kann in unserer
Seele
Doch noch ewig bleiben
Jedes kleine Glück
Ist für uns doch
Ein großes Stück

ZEIGER

Ich habe
Keinen Bock
Zu pennen
Keinen Bock
Zu schlafen
Will leben
Lieben, sein
Jetzt gerade
Im Moment
Egal was der
Zeiger der Uhr zeigt
Mein Leben
Es ist mein

Unbezahlbar

Dieser Moment
In dem
Man fühlt
Seiner Berufung
Zu folgen
Sie auszuleben
Zu genießen
Wie vom Rausch
Ergriffen sein
So lebensecht
Und so erfüllend
Schön
Unbezahlbarer Reichtum
Für die Seele

„Zitat nach der ersten Bühne – nach Covid 19 –
CO-SHIT 19!"
Sommer Open – Air - Stage
KOKOLORES BÜHNE in Marburg, 27.08.2020

Manchmal

Manchmal wünschte ich
Nicht mehr schreiben
Zu wollen
Doch versuch du mal
Deiner Berufung
Nicht mehr zu folgen
Die Berufung
Sie ruft dich
Ob du willst oder nicht
Egal auch
Wenn du sagst
Und
NEIN
Zu ihr sprichst

Vorfreude

Ich platze
Vor Freude
Zerspringe
Vor Energie
Das ist eine
Vorfreude
So gefühlt
Habe ich
Diese noch nie
Sie trägt mich
Sie strömt durch
Mich durch
Wunderbar und
So vollkommen
Danke dem Leben
Für dieses Gefühl

*„Mein Gefühl, nach dem ersten Auftritt – 6 monatige
Bühnenpause bedingt der blöden COR…Pandemie"
Sommer, 2020
KOKOLORES BÜHNE – OPEN AIR STAGE
MARBURG*

Abgezählt

Die Tage sie sind gleich
Abgezählt
Stets von der Zeit
Doch den Inhalt
Den bestimmst du
Du ganz allein
Dein Tun und dein
Handeln
Die Gefühle
Die Gedanken
Auch die Richtung
Lenkst du
Positiv oder negativ
Alles bist du

Reise

Man ich könnte
Die ganze Welt
Umarmen
Um den ganzen
Globus reisen
Überall mal
Hallo sagen
Und zur Erinnerung
Mit Bildern
Im Herzen
Wieder
Weiter
Und weiter auf Reise

Einfach mal leben

Handy weg
Strom aus
Offline sein
Für einen
Moment lang wieder
Frei und am
Leben sein
Keine Deadlines
Keine Termine
Frei von
Hektik und Stress
Einfach mal wieder leben

FÜGUNG

War es
Gottes Fügung
Lenkte er
Meinen Weg zur Sprache
Hat er mir
Tatsächlich und
Wahrhaft
Berufung gesandt
Wie dem auch sei
Jeder von uns
Ist für etwas
Im Leben berufen
Davon
Bin ich überzeugt

Der Ausdruck

Mit Trauer und
Leere im Blick
Schaut sie zur
Kalten leblosen Wand
Gesicht bedeckt mit
Ihrer Hand
Tränen liefen
Der Ausdruck
Ihrer Stärke verschwand
Dachte sie zumindest
Als ihre Tränen
In der Pfütze verschwammen
Und all ihre Hoffnung
Und ihre Zuversicht
Zu schwinden begann
Hörte sie doch zuletzt noch
Die hoffnungsvolle Stimme
Nun hält sie inne auf dass, das Neue beginne
Sie nimmt sich zusammen
Hört auf zu weinen
Richtet ihren Blick nach oben
Wisch nochmal durch ihr Gesicht
Und geht

Richtigkeit

Merkwürdig veränderte
Sich die Stimmung
Wie ein fremder Duft der eintrat
In die sonst so
Vertraute Luft und
Atmosphärischer und wohlfühlender
Lebendigkeit
Die Veränderung
War spürbar
Nah und klar
Jetzt ging es darum
Die Lage zu
Analysieren
Sie zu retten
Dass doch alles
Wieder seine Richtigkeit hat
Aus der
Veränderung ausbrechen
Oder diese doch
Ansprechen
Egal
Man will wieder
Diese Richtigkeit

DER BRIEF

Zeile für Zeile
Schreibt er
Behutsam
Gefühlvoll
Und mit Liebe
Ihr
Den Brief
So viel zu sagen
Was ihm auf
Seinem Herzen brennt
Auf der Seele lastet
Ein Gewicht
Welches ihn erdrückt
Zu schwer um
Unter der Last
Zu sprechen
Aus diesem Grund
Schreibt er
Ihr
Diesen Brief
Mit viel Liebe
Gefühl und Herz
Auf dass, sie ihn lesen mag

WEGE

Wege entstehen
Wege sie verlaufen sich
Wege sind
Kreuzungsmöglichkeiten
Für uns
Für dich
Für mich
Für jeden von uns Menschen
Manche Wege sind lang
Manche weniger lang
Manche gar endlos
Manche viel zu kurz
Chancen und Situationen
Sind auf allen doch
So hoffe ich
Und wünsche ich
Gleichmäßig verteilt
Aber wenn ich
Drüber nachdenke
Lange Wege
Kurze Wege
Chancen und Möglichkeit
Hoffnung und Traurigkeit

Die Wälder

Rein in
Die Wälder
Raus aus
Der Stadt
Die Stille
Der Bäume
So herrlich schön
Nichts
Ist dort zu hören
Denn den Lärm
Den bin ich satt

DER SOMMER GEHT

Der Sommer geht
Die letzten
Sonnentage
Der Herbst tritt schon
Seine Spuren
Kühle Tage
Kalte Abendluft
Die ersten Blätter fallen
Von den Bäumen
Sommerwarme Kleidung
Wird bedeckt mit
Herbstjacken und
Langärmeliger Kleidung
Die warme Zeit
Des Jahres
Zieht wieder davon
Bis zum nächsten Jahr

Die Zeiten

Veränderung zieht
Durch mich hindurch
Alles vertraute
So plötzlich fremd
Aufbruchstimmung
Für das einstige Bleiben
Seltsam anders
Sind meine Zeiten
Alles was so
Wichtig schien
Jetzt nur noch
So okay
Befreit irgendwie
Doch aber auch nicht
Alles ist
Es ist gerade
So anders
Schwer zu beschreiben
Es ändert
Sich in mir
Es ändern sich
Die Zeiten

REGEN

Regen fällt
Doch die
Straße
Sie ist trocken
Ein Sturm zieht auf
Ein starker Wind
Doch es ist
Sonnenwetter
Blitzschlag, Donner
Ein Gewitter
Doch es strahlt
Alle Freude aus
Ich laufe durch Pfützen
Sie sind fröhlich
Ihres Lebens
Sehen sie
Denn nicht
Meine Welt
Sehen sie nicht
Wie grau es
In mir ist?

Felder und Rosen

Die Felder
Und die Rosen
Schweigen
Das Land es trägt
Kein Lächeln
Das Bild
Im Rahmen
Es ist ohne Farbe
Es hat
Seinen Inhalt
Verloren
Die Nacht legt ab
Ihren Schleier
Wandelt
In der Dunkelheit
So leise und
Geheimnisvoll
Schweigsame
Stille
Alles verborgen
In der Ruhe
Der Zeit

BLUMENBEET

Der Lauf
Durchs Blumenbeet
Im friedlich schönen
Lebenshauch
Sommer
Sonne
Lebensgefühl
So vollkommen
Keine dunkle
Wolke zu sehen
Am weiten
Horizont
Das Leben
So bunt und so
Farbenfroh
So wie es ist
So darf es
Doch allzu gerne
Auch bleiben
Genieße die Zeit
Unter freiem Himmel
Im Farbenmeer
So glücklich sein

MEINER WEGE

Was hält
Das Leben noch bereit
Wie weit ist
Der Weg zum Ziel
Für mich noch entfernt
Hoffnung, Mut und
Zuversicht
Strömen durch mich hindurch
Voller Euphorie
Und voller Elan
Positiv ausgerichtet
Voller Energie
Kaum zu erwarten
Die Erfüllung
Zu spüren
Kaum zu erwarten
Das Gefühl
Zu spüren
Nach dem ich
Mich so sehne
Jeder Schritt
Ist einer
Meiner Wege

DAS INNERE

Wenn die Feder
Übers Blatt streicht
Fein die Linien gezogen
Buchstabe für Buchstabe
Ergibt Wort
Für Wort
Den Satz
Kreiert am Ende
Das Zitat
Das Gedicht, den Reim
Zum Lesen
So schön
Zum Fühlen
So nah
Alles was
Herz und Seele
So tief
Im Innern berührt
Das ist mein Werk
Welches ich verfasse
Um das Innere
Zu erreichen

DEINE ZEIT

Die Zeit
Sie tickt
Jeder Tag
Der vergeht
Ist einer
Der weniger bleibt
Darum tue was dich erfüllt
Was dich wirklich
Glücklich macht
Es ist dein Leben
Es ist deine Zeit
Genieße und schätze
Jeden Moment
Jeden Augenblick
Jeden Wimpernschlag
Alles ist ein Teil
Deines Lebens
Nichts kommt je zurück
Lebe glücklich
Atme frei
Bleibe wie du bist
So sollst du sein

AUSGESPROCHEN

Floskel oder
Ernsthaftigkeit
Was ist wahr
Was echt gemeint
Höre die Worte
Deute ihren Ton
Nicht alles ist
Immer gemeint
Wie es vielleicht doch klingt
Was nicht ausgesprochen ist
Nicht alles
Ist immer wahr
Schöne Worte
Können auch gelogen sein
Harte Worte können Wahrheit beinhalten
Höre, frage
Hinterfrage
Denke nach
Bevor
Du alles glaubst

Allein

Traurigkeit
Inmitten vom Sonnenschein
Tränenvolle Blicke
Mein Herz so schwer
Verhärtet
So hart wie Stein
Trauer hält an
Nimmt mich ein
Lässt mich
Nicht los
Egal was ich auch
Dagegen zu tun versuche
Fühle mich
Nicht erfüllt
Nur halblebend
Halbfühlend
So leer
Und allein

Wo

An manchem Tag
Ist das Leben doch so seltsam
Man denkt es wäre vertraut
Doch dann ist es
Wieder so fremd
Das Lachen fällt schwer
Wie verlernt
Weil Kummer im Herz
Und auf der Seele brennt
Wo sind die Tage
Voller Licht
Voller Wärme
Voller Glück
Wo ist die Hoffnung
Der Mut und
Die Zuversicht
Sag mir doch
Wo
So ist alles
Geblieben?
Ich find es nicht

Umwelt

Pflanzen und Blumen
Am Wegesrand
Bäume so friedlich still
Stehen im Wald
Die Natur so freundlich strahlt
Heimat der Tiere
Die sie zu schätzen wissen
Der Mensch aber
Macht sie zunichte
Prangert aber zeitgleich
„Wir müssen die Umwelt schützen"!

Blätter auf dem Asphalt

Blätter
Fallen auf den Asphalt
Die Bäume
Sie werden kahl
Der Sommer färbt sich
Mit Herbstlaub ein
Auch der Winter
Nicht mehr so fern
Klar die Nacht und
Hell der Mond
Sichtbar ist auch so
Jener Stern
Frischer Wind
Zieht durch das Feld
Es verändert sich
Das Gesicht
Der Welt

Schwarz/weiß

Der Unterschied
Von bunt zu schwarz/weiß
Ist das
Farbgemisch
Im Leben
Mehr Grauton oder
So nostalgisch
s/w Bilder
Alles hat seine Schönheit
Alles hat seinen Glanz

ORT UND STELLE

An Ort und
An Stelle
Gehen oder
Doch am Platz verweilen
Wie dem auch sei
Zeit verstreicht
Und ich
Ich verfasse diese
Neuen Zeilen
Im Sturm der Zeit
Oder
In der Ruhe der
Gelassenheit
Das Leben leben
So voll
Und ganz
Mach dich
Dafür bereit

Kälte

So kühl
Der Hauch
Der durch das
Gesicht streicht
Eisige Kälte
In der Seele
Das alles
Gefriert
So kann
Das Leben
Manchmal sein
Bis
Die Sonne
Wieder scheint

Randvoll

Kein
Einziges
Wort gesprochen
Doch
Der Kopf
Er ist
So randvoll
So unaussprechlich
Ist die Last
Die in ihm drückt
Und auf
Der Seele liegt
Auswege
Ja einen Ausweg
Den sucht er
In der Hoffnung
Ihn
Zu finden

SOMMERNACHT

Eine lange
Sommernacht
Umgeben von
Wärme und Sternen
Am Himmel
Weit oben
Atmosphäre
Sie ist so
Schön und wundervoll
Einzigartig ist das
Gefühl
Welches
Man spürt

Schicht im Schacht

Ende aus
Schicht im Schacht
Zeit gespart
Gut gemacht
Ganz im Ernst
Ausgelacht
Nicht ganz wahr
Ausgedacht
Reim verfasst
Fein reingepasst
Nach schwerer Last
Entleertes Fass
Höllenqual
Gespenster-Spuk
Quellental
Erstmal ruh'n
Für hohe Zahl
Etwas tun
Gute Tat
Erntet Ruhm

FRUST

Es ist
Wahrlich
Eine Last
Dir mir von
Den Schultern fällt
War
In die Knie
Gezwängt
Vom
Gewicht dieser Welt
Bin mehr
Am Fressen
Als ich eigentlich muss
Süßes und Zucker
Zur Befriedigung
Gegen
Unruhe und Frust

Zukunftsweit

Ein neuer Tag
Ein frischer Wind
Die Erinnerung
Ist ganz
Neu gesinnt
Wo geht's hin
Das steht
Nicht fest
Bloß weiß man nur
Es geht zukunftsweit
Mit frischer Kraft
Neuem Elan
Mit Zuversicht
In Richtung
Zukunft fahren

Geheimnisvoll

Alles was war
Gehört nun
Der Vergangenheit
Die Gegenwart
Sie ist das
Was dir gehört
Was dir bleibt
Die Zukunft
Sie ist ungreifbar
Unvorhersehbar
Sie ist
Und bleibt
Geheimnisvolle Zeit

Glanz

Neue Wellen
Neuer frischer Glanz
Altverblasstes
Wurde ausgetauscht
Ersetzt
Das Neue
Es ist
Jetzt
Das Alte
Wird zur
Vergangenheit
Die Zukunft
Wird in
Der Gegenwart
Gestaltet

Ganz ohne

Ganz ohne
Schreiben
So kann ich nicht sein
Das Schreiben ist
Meine Erfüllung
Meine Berufung
Mein Wohlempfinden
Ohne das Schreiben leben
Es ist für mich
Nicht mehr möglich
Das Schreiben
Es lässt mich
Frei sein, frei atmen
Es muss
So sein
Ich brauche es wie
Medizin
Wie Therapie
Es beflügelt mich
Lässt mich
Leben
Wie nie

Original

Kein klares Ziel
Vom Gefühl
Ganz weit weg
Wahrnehmung
Sie ist getäuscht
Ich fühle mich
Wie gefälscht
Kopiert
Und betäubt
Mein Original ist
Verpackt und verstaut
Steht im
Schaufenster
Fest eingeschlossen
Ich schaue mich an
Voller Fragen
Im Gesicht
Was ist geschehen
Was ist passiert
Kann nichts
Mehr Greifen
Nicht mehr
Realisieren

Ziele setzen

Schulterzucken
Weit weg vom Ziel
Daran vorbeigerannt
Nicht mehr in Sicht
Ohne Plan
Und ratlos
Leere im Blick
Was bleibt übrig
Wie nach vorn zu sehen
Kein Schritt
Keinen zurück
Keine Wahl
Immer weiter
Neue Ziele setzen

Lebenssinn

Am Ende der Zeit
Sehen was
Wirklich von allem
Denn übrig bleibt
Ewigkeit und
Endlichkeit
Alles beginnt
Alles endet
Raum und Zeit
Atmosphäre und Leere
Woher kommen wir
Wo gehen wir hin
Alle wir
Sind im Leben
Doch auf der
Suche
Nach dem
Lebenssinn

Ist es so

Nicht alles
Ist toll
Nicht alles
Ist gut
Manches kostet
Kraft
Für manches
Braucht man
Viel Mut
Nicht alles
Ist easy
Läuft nicht
Immer nur super
Manchmal
Braucht man
Geduld
Manchmal
Ist es alles so

TRÄNEN

Der Mund er
Bleibt wortlos verstummt
Während die Seele
In tausenden von
Tränen spricht
Wo die Augen
Geschlossen und müde sind
Wollen so viele
Tränen doch nach draußen
In die
Freiheit gelangen
Weil der Schmerz
Den sie fühlen
So unerträglich
Auszuhalten ist
Doch der Mund
Er schweigt
Und die Augen sie
Bleiben zu
Tränen bleiben
Im Innern
Verborgen

Selig

Selig
Geht zu Ende
Wo Hoffnung
Wo Glaube
Wo Zuversicht
Wo Licht
Den ganzen Schatten
Stets erhellt
Wo Dunkelheit
Erleuchtet wird
Ist
Glaube und Hoffnung
Dort
Bist du nicht allein

WÄRME STRAHLT

Die Wärme sie strahlt
Sie flutet
Den ganzen Körper entlang
Über
Deine Haut hinweg
Sie berührt dich
Sie lässt dich
Spüren und fühlen
Dass du lebst
Dass du bist
Dass du wahrhaftig bist
Sie lässt dich
Träumen und denken
Lässt dich atmen
Wohlgefühl bringt sie
Bedeckt dich mit
Zuversicht und Mut
Sie ist so
Vollkommen
So gänzlich
Von allem was
Du brauchst
Was sie ausstrahlt

Rosenblüten

Frisch ist der Wind
Rosenblüten
Werden verteilt
Im ganzen Leben
Auf jedem
Deiner Wege
Nun begleiten sie dich
Sind immer da
Auch wenn nicht immer sichtbar
Sei wie die Blüte
Streiche durch das Leben
Sei leicht und schreite voran
Sehe alle deine
Möglichkeiten
Mit jedem Blick
Betrachte sie
Lote aus
Alles was auch nur geht

20 Wochen

So ganz ohne
Sinn versreicht hier
Meine Zeit
Tut mir weh
Fühle mich schlecht
Tut mir leid
Ich muss gehen
Kann nichts tun
Hier gibt's leider nichts
Für mich
20 Wochen
Nun schon vertan
Der Sommer ging
Der Herbst er kommt
Der Winter schon
Spürbar so langsam

LEUCHTTURM

Beim letzten Leuchtturm
Erlöscht das Licht
Der letzte
Wellengang
Die letzte Fahrt
Wieder einmal
Ist der Abschied angesagt
Traurig leer
Ist der Blick
Noch einmal
Zurück
Dann geht's voran
In die Zukunft
Vom Hier und
Vom Jetzt
Keine Möglichkeit
Zu erhalten
Was jetzt noch ist

Bis bald

120 Seiten
Dem Buch geht's
Dem Ende entgegen
Alles verfasst
Alles geschrieben
Ohne Werbung
Ohne Pause
Für euch zum Lesen
Schöne Grüße
Zu euch
Nachhause
Bis bald
Und mit
Lieben Grüßen
Eine gute Zeit
Lebt euer Leben
Bleibt dabei
Es zu genießen

Ende

Das Ende
Es scheint als
Ginge es nicht mehr weiter
Als hätte jeder Sinn
Seinen Sinn verloren
Doch ein Ende
Ist auch ein neuer Anfang
Nach jedem Schluss
Ein Start erneut
Auch so mein Buch
Meine Bücher
Vielen Dank fürs Lesen
Liebe Leserinnen und
Liebe Leser
Bis zur nächsten Reise
Ich wünsche Ihnen
Alles Gute und
Eine gute Zeit

Freundlichst
Ihr
Christian Hofmann

Entgegen der Zeit

Poetry Slam

Neuigkeiten

Ich brauche mal wieder Neuigkeiten
Brauche einen frischen Wind der durchs Zimmer zieht
Herz und Seele klemmen vom Ballast
Der schon so lange auf den Plätzen liegt

Vom Kummer so befallen
Vor Schmerzen doch am Klagen
Hoffe auf Veränderung
Aufwind in den nächsten Tagen

Jetzt geht der Sommer
Und der Herbst bricht rein
Kann es nicht länger noch
Bitte über 20 Grad doch sein

Spüre auf der Haut
Auch die Kälte in Herz und Seele
1000 Worte zu sagen
Doch stumm und trocken bleibt die Kehle

Gelangweilt

Gelangweilt sitze ich da
Mache meinen Job, geht mir nicht nah
Suche tagtäglich 8 Stunden lang den Feierabend
Solange zieht es sich hin

Ist nur ein Job, kein Traumberuf
Habe keinen Bock mehr, habe genug
Ich sage adios, auf alle Fälle
Zeit die Berufung auszuleben

Will der Berufung folgen
Höre sie rufen
Folge der Sonne durch die Wolken
Betrete alle Stufen

Der Schreiberling
Er will am Schreiben sein
Erfüllung spüren
Mehr muss es gar nicht sein

Schreiben in vollen Zeilen
Mit Wort und Schrift vereinen

Umfeld

Das Umfeld kotzt mich an
Überlege ständig schon
Was ich dagegen denn tun kann
Leider ist es mein Arbeitsplatz
Der Platz, der für mich Arbeit hat

Trotzdem ist es alles Scheiße
Ich schreibe so wie es ist
Auf die ganze Art und Weise
Kann manche Fratzen nicht mehr sehen
Geschweige denn, durch die Türe am Eingang gehen

Ich will hier weg
Ich will gern gehen
Neue Arbeit in eine –
Bessere Zukunft für mich sehen

Hier werde ich nicht glücklich
Hier bin ich unzufrieden
Außer zu gehen, denke ich sicher später –
Ist mir nix anderes übrig geblieben

Es muss raus

Ich schreibe mein Leben nieder
In so manchem Buch
Denn es muss raus
Was sich aufstaut, denn ich habe genug

Wohin mit zu viel Input
Mit dem Ballast, dem ganzen Schrott
Seiten im Buch gefüllt
Denn es macht meinen Kopf kaputt!

Es muss raus
Ich muss schreiben
Gegen den Druck, die Last
Gegen all das Leiden

Schon viel verändert
Viel gelernt
Abläufe durchschaut, etwas klüger
War immer zu weit von mir entfernt!

Heute sehe ich, höre ich
Überlege und verstehe
Damals machte ich und sprang ich
Das war der Gang ins Untergehen!

Unbekannte Orte

Wohin geht die Reise
Wie weit wird der Weg
Sicher gibt's wieder den –
Ein oder anderen Moment, der mich bewegt

Es ist das intensive Fühlen
Der Spirit, die Lebendigkeit
Ich spüre, dass ich lebe
Da draußen in der Freiheit

Grenzenloser Horizont
Soweit das Auge reicht mein Meer
Erfüllung tief in meiner Seele
Will nicht mehr weg von hier

Unbekannte Orte
Neue Ziele zu entdecken
Wo werde ich bleiben
Wo auf Dauer doch einchecken!?

Reise des Lebens
Ich mache mich auf
Herz und Seele atmen durch
Freude, ich sauge sie förmlich auf!

Zur Berufung

Wo bin ich all die Zeit gewesen?
Wo war ich eingesetzt?
Auf dem Weg zur Berufung
Habe ich mich doch verschätzt

Wandelte durch die Stahlindustrie
Dienstleistungssektor Zeitarbeit
Entfernt meiner Berufung
So ganz sicher, zu weit!

Bildungszentren
Bewerbungscoaching, Anschreiben
Kam schon näher
Ans Zeilen schreiben

Verfasste meine Texte
Zu meiner Buchreihe
Näher meiner Berufung
Weil ich so gerne doch schreibe

Zwischenstopp nun aktuell
Ein Gebiet ohne Perspektive
Weder zu schreiben oder dichten
Das macht mich unzufrieden

Was geht bei euch?

Auf einer Wellenlänge
Kumpels, Friends and Brothers
Sind einzigartig! Auf uns!
Difference to the others

Was geht bei euch?
Was geht bei dir?
Gläser hoch, auf dich und auf mich!
Auf das Jetzt und das Hier!

Auf alte Tage, auf die gute Zeit
Auf was noch kommt
Auf den Erfolg, aufs Glück
Dass der Stein auch rollt!

Auf die gute Laune
Im Gepäck
Auf die Stärke in uns
Uns kriegt hier keiner weg!

So wie es ist
So kann es bleiben sehr gerne
Wir sind uns nah
Ob hier oder auch in der Ferne

Sinn erkannt

Habe den Sinn meines Lebens
Endlich erkannt
Meiner Berufung folgen
Mein gelobtes, heiliges Land

Alles was ich bisher fand
Was ich auch verrichtet habe
Teil des Weges, Schritte
Die doch nötig waren

Gefunden um zu finden
Was ich nicht will
Jetzt ist meine Berufung klar
Weiß wo ich jetzt hin will!

Philosophie, Kunst und Kultur
Geschichte
Poesie, denken, reimen, kreieren
Gedichte

Nix anderes will ich mehr
Außerdem tun!
Meine Berufung
Mein bestes Zutun!

Abstellgleis

Ich würde gern auf
Das höchste Haus hinauf
Klare Sicht von oben
Linien der Straße, Sternenverlauf

Frische Luft einatmen
Das schöne, wahre Leben spüren
Freiheit fühlen, lasse mich –
Vom Lebensgefühl berühren

Muss raus aus dem SMOG
Vom Abstellgleis, weg vom Schrott

Würde so gerne mit
Der Freiheit fliehen
Frei sein wie die Wolken
Die durch die Welt ziehen

Will sein wie
Der frische Wind der durch
Alle Wälder braust
Wäre gerne grenzenlos
Wie die Hoffnung
Auf die du deine Träume baust

IN DER NACHT

NIMM DIR MAL ZEIT
SCHAUE ZUM HIMMEL RAUF
GENIESSE DIE RUHE
DEN FRIEDEN
DER ENDLOS WEIT VERTEILT
ÜBER DIESE WELT WACHT
GENIESSE DEN TAG
DEN SONNENSCHEIN
DESSEN HELLIGKEIT
WIE DIE STERNE
IN DER NACHT

DENKMALSCHUTZ

GERISSENE FASSADEN
BRÖCKELNDER MAUERSTEIN
ERZÄHLTE GESCHICHTE
SOLL ALLES MAL GEWESEN SEIN
ALLES MARODE UND SPRÖDE
ALLES MÜHSAM DEM ERHALT
ERBE ALL DER JAHRE
ZUR ERINNERUNG UND
AUCH MAHNMAL
ALLES ZUM
DENKMALSCHUTZ

BLOG AN GOTT – REISE

2021
DIE BERUFUNG RUFT
NACH MIR
SO LANGE GEWARTET
HART GEARBEITET
WEITER GEHT'S
VON HIER
DER WEG NOCH WEIT
FREUE MICH SCHON SO LANGE
DANKE GOTT –
BIS HIER SCHON MAL
BLOG AN GOTT
ICH SETZE
MEINE REISE
FORT

UMLAUFBAHN

SONNE SCHEINT
ZUM
FENSTER REIN
LAUT DIE MUSIK
SO HERRLICH
SOLL DAS LEBEN SEIN
SOMMERWÄRME
HAT ES MIR
ANGETAN
BEFINDE MICH
SO GERNE
IN IHRER GESAMTEN
UMLAUFBAHN
MOND UND STERNE
SCHÖN ZU BESCHAUEN
AUS DER FERNE

FARBENSPIEL

DER HIMMEL
IM WECHSEL DES
FARBENSPIELS
ZWISCHEN GRAU UND BLAU
DAS WETTER
HARMONIERT
ZWISCHEN SONNENSCHEIN
UND REGENSCHAU
SICHT SO TRÜB
DOCH AUCH
WIEDER KLAR
HERRLICHES LEBEN
FÜHLE ES
SO WUNDERBAR

WOLKENMUSTER

WOLKENMUSTER
BILDEN SICH
ZEICHNEN
DAS SCHÖNE
HIMMELSBILD
DIE VÖGEL
ZWITSCHERN SO FRÖHLICH
WIESO NUR SIND
WIR MENSCHEN
ES NICHT?

SOMMER – BIS WINTER 2020

DER SOMMER 2020
DAS IST ER, DA WAR ER, DA GEHT ER FORT
PLATZ FÜR DEN HERBST
UND DEN WINTERMÄRCHEN-ORT

BÄUME WERDEN KAHL
ÄSTE BALD MIT SCHNEE UND FROST BEDECKT
DEM SCHNEEMANN WIRD DIE MÖHRE
ALS NASE INS GESICHT GESTECKT

WINTERZAUBER
WINTERLAND UND MÄRCHENSTUND'
ERINNERUNG AN DIE KINDHEIT
OH WIE SCHNELL, GING DIE ZEIT DOCH UM

WEIHNACHTSMANN UND CHRISTKIND
JAHR FÜR JAHR KEHREN SIE EIN IN JEDES HAUS
KINDER DIE SICH ERFREUEN
NACH DEM 4. ADVENT SIND DIE KERZEN AUS

WEIHNACHTSFEIERTAGE
SILVESTER-FEUERWERKSLAGE
NEUES JAHR, WINTERMÄRCHEN
WIEDER EINS MEHR, BIS ZUM NÄCHSTEN

MEIN WEG

MEIN WEG
ER WAR LANG UND WEIT
ICH WAR GEFESSELT
GEKETTET IN SCHMERZ UND LEID

DIE SONNE
IST VERSUNKEN AN MEINEM HORIZONT
DIE FINSTERNIS
HAT DIE KONTROLLE ÜBERNOMM'

LANGE, LANGE ZEIT
WAR ICH GEFANGEN IM SEELENLEID
DOCH DANN DER LICHTBLICK
ICH HABE MICH BEFREIT

BEIM DONNERSCHLAG
UND IM BLITZLICHTGEWITTER
RISSEN MEINE KETTEN
DIE WELT, SIE WAR AM ZITTERN

WIE EIN FLUCH
ALLES WIE ERSTARRT
IN MEINE EIGENE KRAFT
BIN ICH SO VERNARRT

VERLAUFEN

HABE MICH DES WEGES VERLAUFEN
ALLEIN AUF DUNKLEN STRASSEN
ALLEINE DA DRAUSSEN

HABE MEINE RICHTUNG
AUS DEN AUGEN VERLOREN
WANDELTE IM NICHTS
BIN IN DER DUNKELHEIT GEBORGEN

WOHIN FÜHRT MICH MEIN PFAD
HEILIGER TEMPEL ODER HÖLLENBAD
ENGEL ODER DÄMONEN
VORM HIMMELSTOR ODER IN DER HÖLLE WOHNEN

ENGELSFLUG ODER TEUFELSRITT
WO KOMME ICH HIN
WAS NIMM ICH MIT

HIMMELSPOSAUNE
ODER HÖLLENGLOCKEN
WIE KANN ICH DAS PHANTOM
AUS DEM SCHATTEN LOCKEN!?

VIELE JAHRE

VIELE JAHRE SCHON VERGANGEN
EINIGE SEITEN AUF DEM BUCKEL
BÜCHER VERFASST, GUT 2000 SEITEN
DURCHLEBT SO MANCHE ZEITEN

SO IM NACHGANG
BEI ALLEM RÜCKBLICK
MANCHMAL UNDURCHDACHTER DUMMER
SCHRITT INS NICHTS

EGAL, MAN HOLT NIX MEHR EIN
MAN HOLT NIX MEHR ZURÜCK
KONSEQUENT NACH VORNE
AUF JEDEM KLEINEN STÜCK VOM WEG

JEDER SCHRITT
IST MEINES WEGES SCHRITT
VERGEBEN, VERGESSEN, DRAUF GESCHISSEN
AUF DAS PECH FOLGT DOCH DAS GLÜCK

VIELE JAHRE VERGANGNEN
GEREIFT UND DAZUGELERNT
MEIN BESTES ICH –
WAR DAMALS NOCH WEIT ENTFERNT

WEIHNACHSTGESCHICHTEN

WEIHNACHTSGESCHICHTEN
GEHÖREN LEIDER ZU DEN MÄRCHEN
DENN SELBST ZU DIESEN 3 FESTTAGEN
WIRD KEIN FRIEDEN HERRSCHEN

DENN IN DIESER ZEIT
DER ACH SO TOLLEN BESINNLICHKEIT
BESINNT SICH JEDER DARAUF
ACH GESCHENKE-KAUFEN-ZEIT

ANGEBOTE, ES WIRD –
GEHETZT, GEJAGT, GERANNT
SCHNÄPPCHEN-STRESS – GELD AUSGEBEN
AN WEIHNACHT UND JESUS, DENKT KEINER DRAN!

TRAURIG, WAS AUS ALL DEM
DOCH LEIDER GEWORDEN IST
WICHTIG IST HEUTE NUR
WELCHEN RANG HAST DU UND WER DU BIST!

DIE WAHRE FREUDE DIE DA KOMMT
DASS MAN EINFACH MAL RUHE HAT
FEIERTAGESTRESS, VERWANDSCHAFT HIER UND DA
URLAUB VORBEI UND DU BIST PLATT!

NOCH EINE STUNDE

NOCH EINE STUNDE ZEIT
WELCHEN TEXT
HALTEN DIE GEDANKEN
IN MEINEM KOPF BEREIT?

BESINNE MICH HIER ZU SITZEN
DIE RUHE ZU GENIESSEN
BEI ALL DEM STRESS UND DER HEKTIK
DEM REGEN ZUSCHAUEN, WIE ER DIE ERDE DOCH TUT GIESSEN

ES REGNET HERRLICH SCHÖN
STRÄUCHER UND BÄUME FREUEN SICH
ÜBER DAS FRISCHE WASSER
GANZ OHNE SONNE, GAR OHNE LICHT

OBWOHL ES GRAU UND TRÜBE IST
BERUHIGT ES MICH DOCH MIT
HERRLICH DAS SCHAUSPIEL DER NATUR
WENN ALLES SO BEDACHT DOCH IST

ALS DICHTER, DENKER UND POET
GEHT MIR ALLES DOCH SO NAH
ICH HOFFE IHR KÖNNT ES AUCH SO SEHEN
WIE ICH DEN MOMENT HIER SAH

WIE EIN PENDEL

ICH SPRINGE
HIN UND HER
ZWISCHEN DEN GEFÜHLEN
WIE EIN PENDEL
ALLES WAS EINST
DOCH SO GEORDENT SCHIEN
LIEGT VERSTREUT
IN MEINER SELLE HERUM
JEDER SCHRITT VOR
FÜHLT SICH AN
WIE 3 SCHRITTE ZURÜCK
WAS IST LOS
ZURZEIT
IN MIR
KANN ES NICHT DEUTEN
NICHT GREIFEN

ABSITZEN

ICH FÜHLE MICH
SO MÜDE
AUSGELAUGT, AUSGEBRANNT
SO LEER
LACHEN FÄLLT MIR SCHWER
FREUDE IST LANGE FORT
ES IST ZU TRIST
ZU GRAU ZU SCHROFF
DIESER ORT
JEDEN TAG DIE 8 STUNDEN
ABSITZEN
DAHER MEINE
MOMENTANE
DEPRESSION
DIES ERKENNE
ICH GERADE
IN DIESER
SITUATION

UNBESCHWERT

ICH SCHALTE
MEINEN KOPF AUS
LASSE GEDANKEN
KOMMEN UND AUCH
WIEDER ZIEHEN
EIN KLEINER
AUGENBLICK
NUR EIN MOMENT
DER SICH WIE
FREIHEIT ANFÜHLT
BILDER ENTSTEHEN
WELCHE DIE
GEDANKEN MALEN
SO HERLLICH
SCHÖN UND BUNT
SO UNBESCHWERT
FREI

ICH TAUCHE EIN

ICH TAUCHE EIN IN
FRISCHE GEDANKEN
SCHREIBE NEUE FREIE
ZEILEN HERAUS
MIT FRISCHER KRAFT
MIT NEUEM MUT
VOLLER ZUVERSICHT
SCHREITE ICH ZU NEUER TAT
ATME LANGSAM
EIN UND AUS
FÜHLE MICH UND MEIN LEBEN
JEDEN EINZELNEN MOMENT
FÜHLE MICH FREI
SO WOHLBESONNEN
DÜRFTE EWIG
DOCH SO BLEIBEN

MUSTER

ICH ENTDECKE UND
VERSTEHE DAS MUSTER
WER ALLES AN SICH REISST
UND STETS ALLES TUT
WAS VON IHM VERLANGT
DER BEKOMMT ARBEIT
UND VERANTWORTUNG AUFGEDRÜCKT
ES WIRD VORAUSGESETZT
UND SICH DRAUF VERLASSEN
DASS ALLES DOCH IMMER FUNKTIONIERT
WER EINMAL ALLES MACHT
UND IMMER
JA
SAGT
WIRD AUSGENUTZT
UND VERBRAUCHT
BIS ZUM LETZTEN

SCHAU HIN

SCHAUE GENAU HIN
ERKENNE DEREN SCHEMA
DEREN ZEICHEN, DEREN SYSTEM
JE SCHNELLER DU LERNST
DESTO SCHNELLER
WIRST DU VERSTEHEN
ACHTE AUCH DICH
IMMER UND
ZU JEDER ZEIT
IN JEDEM MOMENT
DEINES LEBENS
ES IST DEIN LEBEN
DEINE GEFÜHLE
DEINE SEELE
DEIN SCHMERZ
ABER AUCH
DEINE FREUDE

MERKE DIR

NEUE ERFAHRUNG
NEUE ERKENNTNIS
WIEDER ETWAS REIFER
WIEDER MEHR VERSTÄNDNIS
DAS GANZE LEBEN IST
EIN LEBENLANGES LERNEN
HÖRE UND ERKENNE
SEHE UND VERSTEHE
HANDLE UND LERNE
MERKE DIR ALLES
LERNE AUS FEHLERN
MACHE ES ANDERS

LEKTIONEN

DIE ERFAHRUNGEN
DER LEBENSJAHRE
LASSEN VIELES ERAHNEN
VIELES VORAUSSAGEN
ALLES GELERNT
DURCH BEGANGENE FEHLER
ALLES LEKTIONEN
DIE WIR ERFAHREN
WIR LERNEN UND
WIR MERKEN UNS
WAS WIR TUN
WAS GESCHIEHT
DIE BLICKE SIE SCHÄRFEN SICH
DIE OHREN HÖREN GENAUER HIN
WIR LESEN DEUTLICH KONZENTRIERT
ENTSCHEIDEN DURCHDACHT

AM HIMMEL

SONNE AM HIMMEL
GUTE LAUNE
WEIT UND BREIT
FÜHLT SICH AN
WIE DER TAG DES LEBENS
MEINE ZEIT
DAS SONNENLICHT
SCHIMMERT SO HERRLICH SCHÖN
DURCH DIE BÄUME
ICH VERFALLE IN GEDANKEN
MALE MIR DIE
ALLERSCHÖNSTEN TRÄUME

GUTE LAUNE

GUTE LAUNE
MITTLERWEILE
MANGELWARE DRUM
GESTALTE DEIN LEBEN
SELBST
ZU JEDER ZEIT
FÜR DEIN EIGENES GLÜCK
DAS WAHRE
NUR NOCH STRESS
GEREIZTE STIMMUNG
SCHLIESSE DIE
TÜRE HINTER DIR
SHLIESSE DIE AUGEN
FÜR SCHÖNE
MOMENTE
EINE GEILE
ERINNERUNG

ENERGIE

AB UND WEG HIER
TÜR ZU
LICHT AUS
RAUS IN DIE WELT
IMMER FUNKTION
DAUERBETRIEB
AKKU AUFGEBRAUCHT
MUSS KRAFT TANKEN
ENERGIE
VOLLER SCHUB
BRAUCHE PLATZ
BRAUCHE RUHE
MUSS
LUFT HOLEN
UM WIEDER
ZU ATMEN

SPAZIERGANG

SPAZIERGANG
DURCH WÄLDER
UND ÜBER WIESEN
LEBEN FÜHLEN
MICH SPÜREN
ALLES GENIESSEN
FRISCHE LUFT
LEBENSDUFT
NATUR PUR
BESSER ALS ALLES
WAS ES WOHL GIBT
ERHOLUNGSKUR
MOMENT GENIESSEN
AUGENBLICK-LANG
LUFT ANHALTEN
AUSATMEN
BEI VOLLEN UND
ALLEN SINNEN SEIN

LIEDER SINGEN

ERINNERUNGEN
AN GUTE ZEITEN
ZU VIEL VERGEHT
WENIG WIRD BLEIBEN
JEDEN NEUEN TAG
GESCHEHEN DINGE
VOLLER HOFFNUNG
FROHEN MUTES
WILL ICH MEINE
LIEDER SINGEN
BEREITET MIR FREUDE
BRINGT GUTE LAUNE
ZUVERSICHT
AN DIE ICH GLAUBE

STRAHLENDER SIEGER

STRAHLENDER SIEGER ODER GEFALLENER HELD
EINSATZ RISKIERT FÜR EINE BESSERE WELT

DIE MUTIGEN VERSUCHEN
DOCH UM WELCHEN PREIS
MANCHE BEZAHLEN MIT IHREM LEBEN
DIE WAHRHEIT IN SCHWARZ AUF WEISS

ALSO SIEHT JEDER FÜR SICH
WO ER IM LEBEN BLEIBT
DER GRUND WARUM SICH NIE WAS ÄNDERT
TRAURIG FÜR DIE GESAMTE MENSCHHEIT

SIND LÄMMER EINER GROSSEN HERDE
WIE SCHWEINE ZUR SCHLACHTUNG IM STALL
WIR SIND NUTZVIEH DER ERDE
FÜR DIE DA OBEN – MENSCHHEIT HAT EINEN KNALL

GENAU WIE UNSER TOLLER ARBEITSPLATZ
DER REINSTE PSYCHOKRIEG
HASS, NEID, MISSGUNST
WILLKOMMEN IM GESELLSCHAFTSSPIEL

ARBEITSPLATZ

WO DOCH JEDER „ALLES KANN"
ABER DOCH NIEMAND WAS TUT
DAS NENNT MAN ARBEITSPLATZ

WO ALLES SOLL UND DER PLAN
DOCH SUPER GEPLANT IST
ABER NIX LÄUFT UND MAN DEN SÜNDENBOCK SUCHT
DAS NENNT SICH AREITSPLATZ

WO JEDER HIER BRÜLLT
ABER BEIM TUN DANN FEHLT
HAUPTSACHE HIER GEBRÜLLT
DAS NENNT SICH ARBEITSPLATZ

WO MAN VERHEIZT WIRD
BIS ZUM BURNOUT IMMER FUNKTIONIERT
OHNE WIDERSTAND JA UND AMEN SAGT

SYSTEM DURCHSCHAUT
SELBST ERLEBT, SELBST GEFÜHLT
VIELE WEGE FÜHREN ANS ZIEL
KOMM SICHER DURCH DEINEN ARBEITSPLATZ!

KEIN WUNDER

DER ABLAUF
DAS DURCHSCHAUEN DER WELT
KEIN WUNDER
DASS MAN HIER
IN DEPRESSION VERFÄLLT
WORAN SOLL
MAN GLAUBEN
AN WAS SICH RICHTEN
ICH FAND
DIE SPRACHE
DAS SCHREIBEN ZUM DICHTEN
GESELLSCHAFTSKRITIK
BEDINGT MEINER
TIEFGRÜNDIGKEIT
VIELLEICHT DAS GEFUNDENE FRESSEN
ICH WÜRDE GERN
DOCH
BIN SCHLECHT
IM VERGESSEN

HERBSTFRISCHE

DER SPAZIERGANG
IM FRISCHEN MORGENTAU
HERBSTLICH
DIE TEMPERATUR
DOCH SO SCHÖN IST
DER MORGEN
ZU BESTAUN'
VERSINKE DANN DOCH
IN SO MANCHE
SOMMER-ERINNERUNG
WARME TAGE
VOLLER SONNENSTRAHLEN
NUN AUF
DAS NÄCHSTE JAHR
HEISST ES
WIEDER WARTEN

HEULST DU SCHON?

ICH VERSCUHE GERADE, SCHÖNE ZEILEN ZU BRINGEN
WÄHREND MEINER DEPRESSION, MICH AUFS GUTE GEMÜT ZU BESINNEN
WENN DIE WELT NUR WÜSSTE – WAS DIES FÜR MICH BEDEUTET
VERSUCH GROSSER VERÄNDERUNG, EIN SO WERTVOLLER TAG IST HEUTE

SONST HABE ICH IMMER
DIE DEPRI-PHASE RUNTER GERASSELT
JETZT HABE ICH HIER BLUMEN BEI
SCHLECHTE LAUNE IHR SO VERMASSELT

ANGST UND ZWEIFEL
PANIK, DU GANZE DEPRESSION
BEKOMMST HIER LIEBE IN DEN ZEILEN
NA, KANNST DU WAS? HEULST DU SCHON?

WENN ICH SCHREIBE
SPÜRE ICH SO VIEL EUPHORIE
KEINE ZEIT FÜR DICH
SEI TRAURIG DOCH, CHERI

MICH ZIEHST DU NICHT MIT, SCHREIBE LIEDER EINE BLUMENREDE
HEUL DICH DOCH AUS
VIEL SPASS, SEI DIR GEWISS –
DASS ICH IHN HABEN WERDE

MIT GROSSER SORGFALT

NEUE TRÄUME BLÜHEN AUF
IM SANFTEN ZEITVERLAUF
SIE KÖNNEN WACHSEN, KÖNNEN WERDEN
SIND GEPFLANZT AUF GUTER ERDE

MIT GROSSER SORGFALT
WILL MAN SIE PFLEGEN
SIE TRAGEN HOFFNUNG
ALLEN MUT UND SEGEN

BEHANDLE SIE STETS
BEHUTSAM UND BEDACHT
SIE SIND WIE LEUCHTENDSCHÖNE
STERNE IN DER NACHT

DORT WO DIE TRÄUME WACHSEN
IST EIN WAHRER BODENSCHATZ
DIESE STELLE GLEICHT EINEM MONUMENT
EINEM WAHREN NATURRESERVATEN-PLATZ

SONNE, MOND UND STERNE
WACHEN ZU ALLEN ZEITEN
STRAHLEN MIT IHRER SCHÖNHEIT
ZU ALLER TRÄUME SEITEN

MORGENLAND

NOCH GENUG ZEIT, SPRICHT DIE UHR
VIELZAHL LEERER SEITEN IN DIESEM NEUEN BUCH

DAS IST WAHRE SEITENFREIHEIT
FÜR ALL MEINE GEDNANKEN
NEUE UND FRISCHE ZEIT
ZUM KRAFT AUFTANKEN

WEITES LAND, NOCH SO VIEL VON DER FERNE ZU ENTDECKEN
AUS LANGEM SCHLAF, DIE ZEIT ZU ERWECKEN

AUF INS SCHÖNE MORGENLAND
DURCH FELDER UND WÄLDER
DER BLICK INS TAL
LEBENSHAUCH SO FÜHLBAR NAH

AUF GROSSE REISE GEHT'S
DURCH DAS LEBEN, SONNENSTRAHLEN DIE MICH BERÜHREN
SEHNSUCHT VOM FERNWEH
WILL MICH LEITEN, WIRD MICH FÜHREN

ALLE WEGE, ALLE MEERE ÜBERQUEREN
HORIZONT ENDLOSWEIT
BIN AM LEBEN MEINE ZEIT

ENDE

EIN LANGER WEG
34 JAHRE WEIT
VIEL LIEGT ZURÜCK
AUFBEWAHRT VON DER VERGANGENHEIT

DER BLICK NACH VORN
LEBE IM JETZT
ZUKUNFT IST DER
NÄCHSTE SCHRITT

WAS BLEIBT NOCH ÜBRIG
WAS GEHT MIT MIR
IMMER WEITER UND WEITER
VON DEM PLATZ HIER?

GEDANKEN TRAGEN
MICH AN MANCHEN TAGEN
DOCH WEIT FORT

GEIST UND SEELE
ZIEHEN FREI
NUR DER KÖRPER
BLEIBT AN DIESEM ORT

WELT DER WORTE

DIE KOFFER SIND GEPACKT
ICH BIN REISEBEREIT
NEUE ZIELE SETZEN
ES KOMMT MEINE ZEIT

REISE DURCH DIE WELT DER WORTE
TAUCHE EIN, IHRE ZEILEN SPRECHEN
ICH HÖRE IHNEN ZU
ZEIT ZUR FREUDE AUFZUBRECHEN

EIN ALLERLETZTER
KURZER BLICK
NACH DEM SCHRITT VOR
GIBT'S KEINEN MEHR ZURÜCK

SEELENKLAGEN
EIN KUMMERKASTEN
WERTE ALTER TAGE
MAL ABTASTEN

ALTE WUNDEN UND
NARBEN FRISCH POLIERT
RETRO-CLASSIC
ÜBERHOLT UND MODIFIZIERT

„Die Schriftstellerei ist mein Lebenswerk, sie ist meine wahre Berufung"...

Christian Hofmann, 2020
Autor der Reihe
>> ENTGEGEN DER ZEIT <<

Alle erhältlichen Sammelwerke:

Aus dem Leben:
1. *Aus allen Lebenslagen*
2. *Aus allen Lebenslagen 2*
3. *Live aus'm Leben*

Gesellschaft, Politik und Wirtschaft:
1. *Zeitarbeit – Moderne Sklaverei*
2. *Knallpink und gelber Punkt*
3. *Against the pressure of society*

Anthologien:
1. *Sonderband 1*
2. *Sonderband 2*
3. *Sonderband 3*
4. *Anthologie des Lebens 1*
5. *Anthologie des Lebens 2*
6. *Anthologie des Lebens 3*
7. *Entgegen der Zeit*

Liebe zur Sprache und Literatur:
1. *Aus Liebe zur Sprache*
2. *LEGENDiARY*
3. *Poetry Slam*

Lyrik und Poesie:
1. *Lobland*
2. *Buch der Lebensträume*

Christian Hofmann
Geb. 5.3.1986 in Biedenkopf
bei Marburg

Er lebt im hessischen
Marburg an der Lahn,
schreibt seit dem Jahr 2006
eigene Texte und bereits mit
diesem Band, seinen 18
veröffentlicht.

Herstellung und Verlag:
BoD - Books on Demand, Norderstedt
ISBN 978-3-7526-0694-2